AF189223

Impressum
Verlag: BABADADA GmbH, Nedderfeld 112 , 22529 Hamburg
Geschäftsführer / Verlagsleitung: Harald Hof
Druck: Books on Demand GmbH, In de Tarpen 42, 22848 Norderstedt

Imprint
Publisher: BABADADA GmbH, Nedderfeld 112 , 22529 Hamburg, Germany
Managing Director / Publishing direction: Harald Hof
Print: Books on Demand GmbH, In de Tarpen 42, 22848 Norderstedt, Germany

школа

مکتب

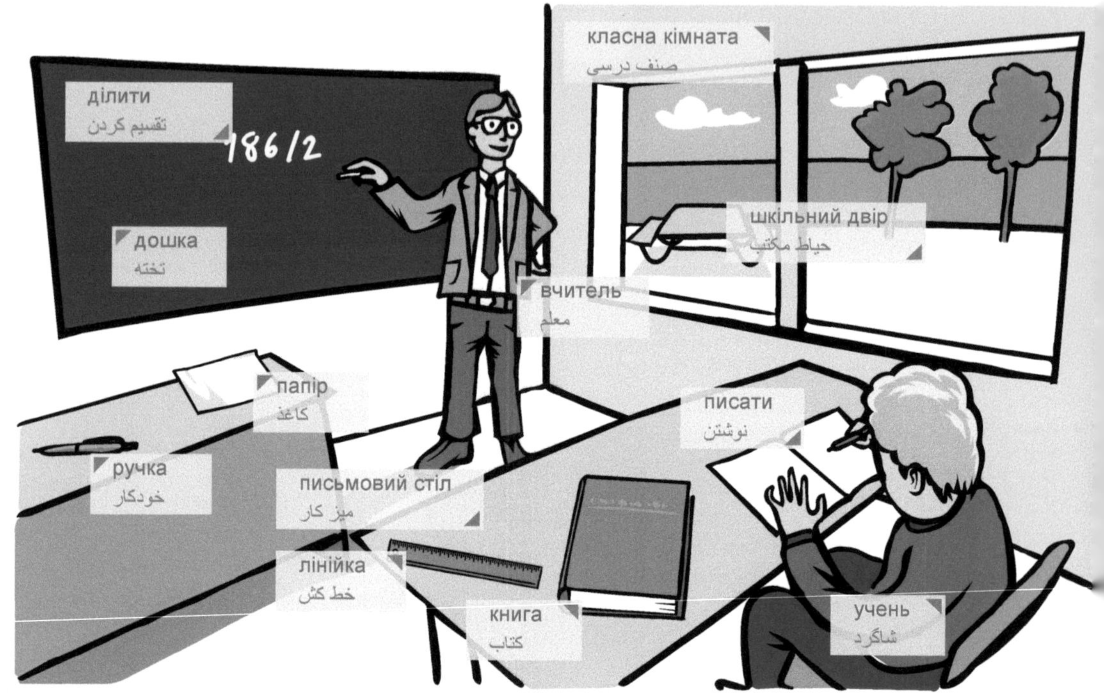
класна кімната
صنف درسی
ділити
تقسیم کردن
186/2
дошка
تخته
шкільний двір
حیاط مکتب
вчитель
معلم
папір
کاغذ
писати
نوشتن
ручка
خودکار
письмовий стіл
میز کار
лінійка
خط کش
книга
کتاب
учень
شاگرد

ранець

بیگ مکتب

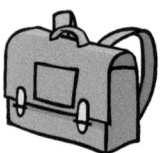

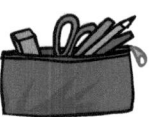

пенал

قلم دانی

олівець

پنسل

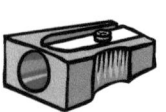

точило

پنسل تراش

гумка

پنسل پاک

альбом для малювання

کتابچه رسم

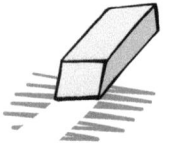

малюнок

نقاشی

пензель

برس رنگ زنی

коробка фарб

بکسک رنگه

ножиці

قیچی

клей

سریش

зошит

کتاب تمرین

домашнє завдання

کار خانگی

12

число

عدد

2+2

додавати

جمع کردن

5-2

віднімати

تفریق کردن

2×2

множити

ضرب کردن

рахувати

حساب کردن

A

літера

حرف

ABCDEFG HIJKLMN OPQRSTU VWXYZ

абетка

الفبا

hello

слово

کلمه

текст

متن

читати

خواندن

крейда

تباشیر

година

درس

класний журнал

ثبت نام

екзамен

امتحان

диплом

تصدیقنامه

шкільна форма

یونیفورم مکتب

освіта

تحصیل

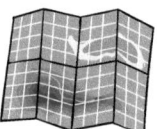

лексикон

دانشنامه

університет

پوهنتون

мікроскоп

مایکروسکوپ

карта

نقشه

кошик для паперу

سبد کاغذ باطله

подорож
سفر

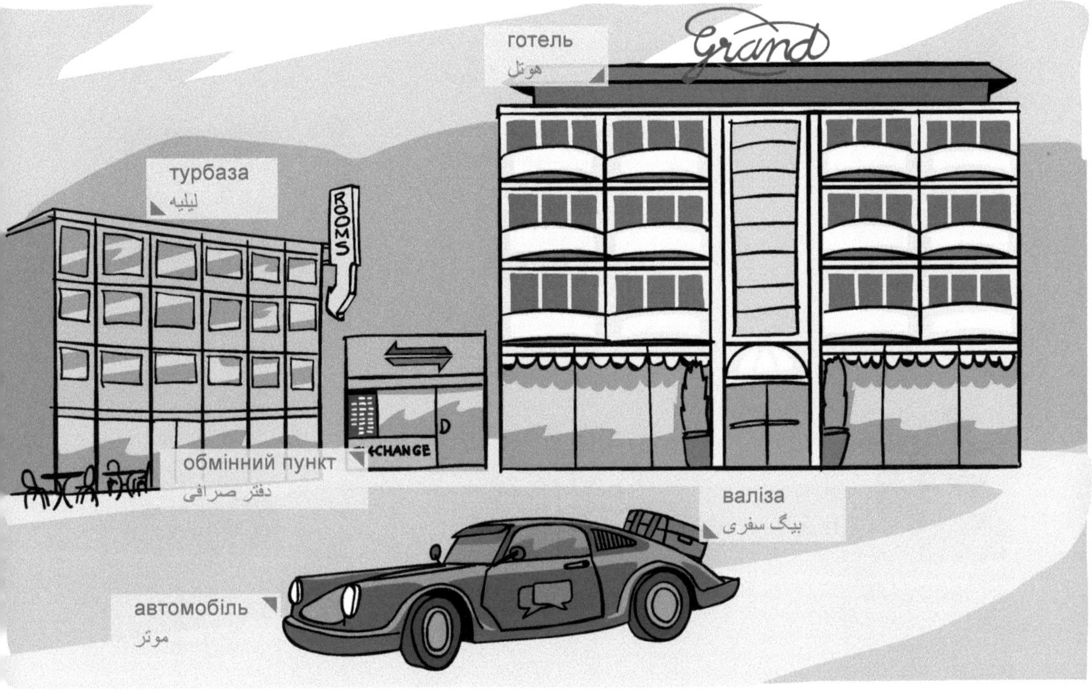

готель
هوتل
турбаза
لیلیه
ROOMS
обмінний пункт
دفتر صرافی
валіза
بیگ سفری
автомобіль
موتر

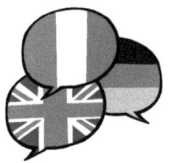

мова
زبان

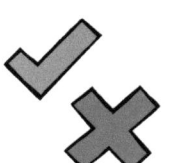

так / ні
بلی / نخیر

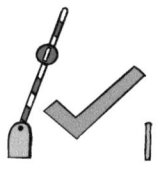

добре
بسیار خوب

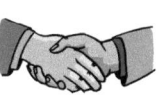

привіт
سلام

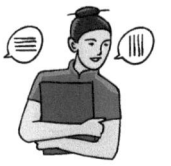

перекладач
مترجم

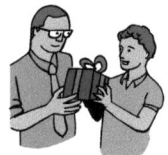

дякую
تشکر از شما

Скільки коштує ...?

قیمتش چقدر است؟

Я не розумію

نمی فهمم

проблема

مشکل

Добрий вечір!

عصر بخیر! / شب بخیر!

Доброго ранку!

صبح بخیر!

На добраніч!

شب بخیر!

До побачення

خداحافظ

напрямок

مسیر

багаж

بار مسافر

сумка

بیگ

рюкзак

بیگ پشتکی

гість

مهمان

кімната

اطاق

спальний мішок

بستره خواب سیار

намет

خیمه

туристична інформація

معلومات توریستی

пляж

ساحل

кредитна картка

کردیت کارت

сніданок

صبحانه

обід

طعام چاشت

вечеря

غذای شام

квиток

تکت

ліфт

لفت

поштова марка

مهر

межа

مرز

митниця

گمرک

посольство

سفارتخانه

віза

ویزه

паспорт

پاسپورت

транспорт

حمل و نقل

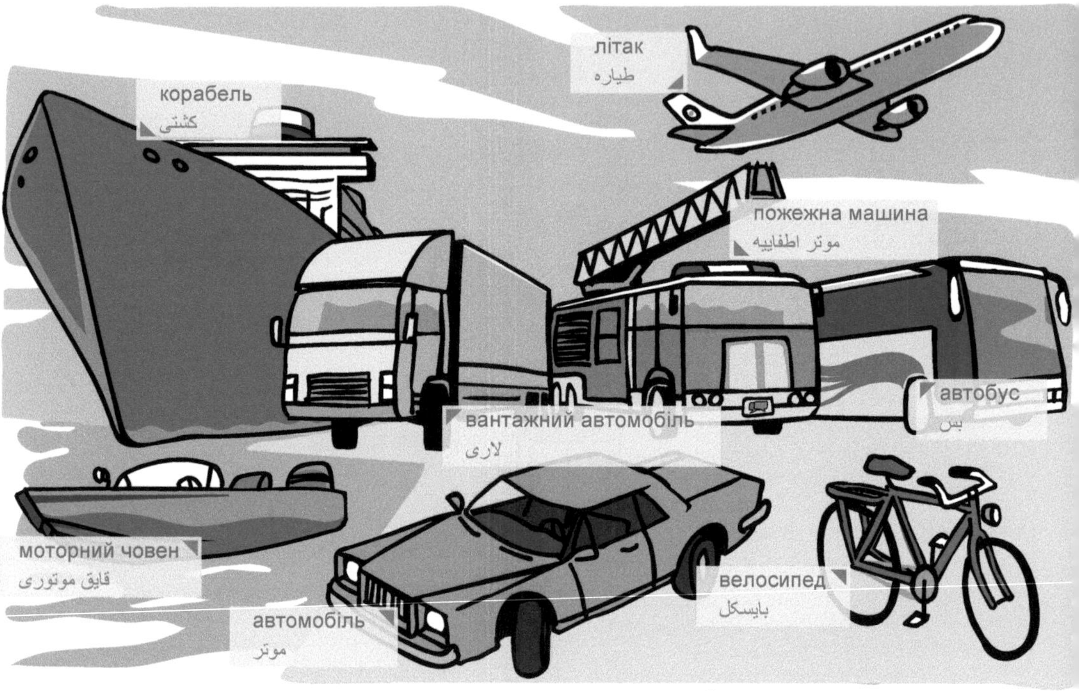
літак
طیاره
корабель
کشتی
пожежна машина
موتر اطفاییه
автобус
بس
вантажний автомобіль
لاری
моторний човен
قایق موتوری
велосипед
بایسکل
автомобіль
موتر

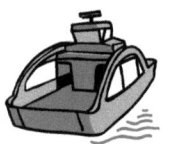

пором

کشتی

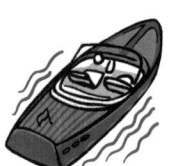

човен

قایق

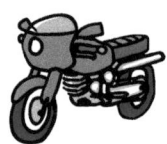

мотоцикл

موترسایکل

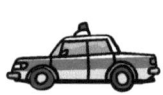

поліцейська машина

موتر پولیس

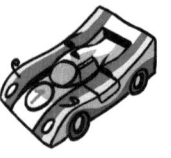

гоночний автомобіль

موتر مسابقه

автомобіль на прокат

موتر کرایی

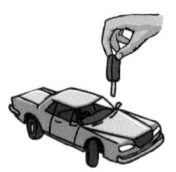

спільне користування авто

اشتراک وسایط

евакуатор

جرثقیل

сміттєвоз

موتر حمل زباله

двигун

موتور

паливо

تیل

автозаправна станція

تانک تیل

дорожній знак

علامت ترافیکی

рух

عبور و مرور

затор

راهبندان

стоянка

پارک وسایط

вокзал

ایستگاه ریل

рейки

خط ریل

потяг

ریل

трамвай

ریل برقی

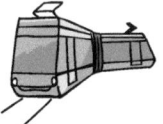

вагон

واگن

гелікоптер

هليكوپتر

аеропорт

ميدان هوايى

вежа

برج

пасажир

مسافر

контейнер

كانتينر

коробка

كارتن

візок

گادى

кошик

سبد

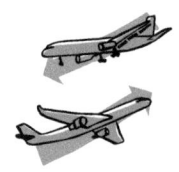

стартувати / приземлятися

پرواز كردن / فرود آمدن

МІСТО

شهر

село

قريه

центр міста

تياتر شهر

дім

خانه

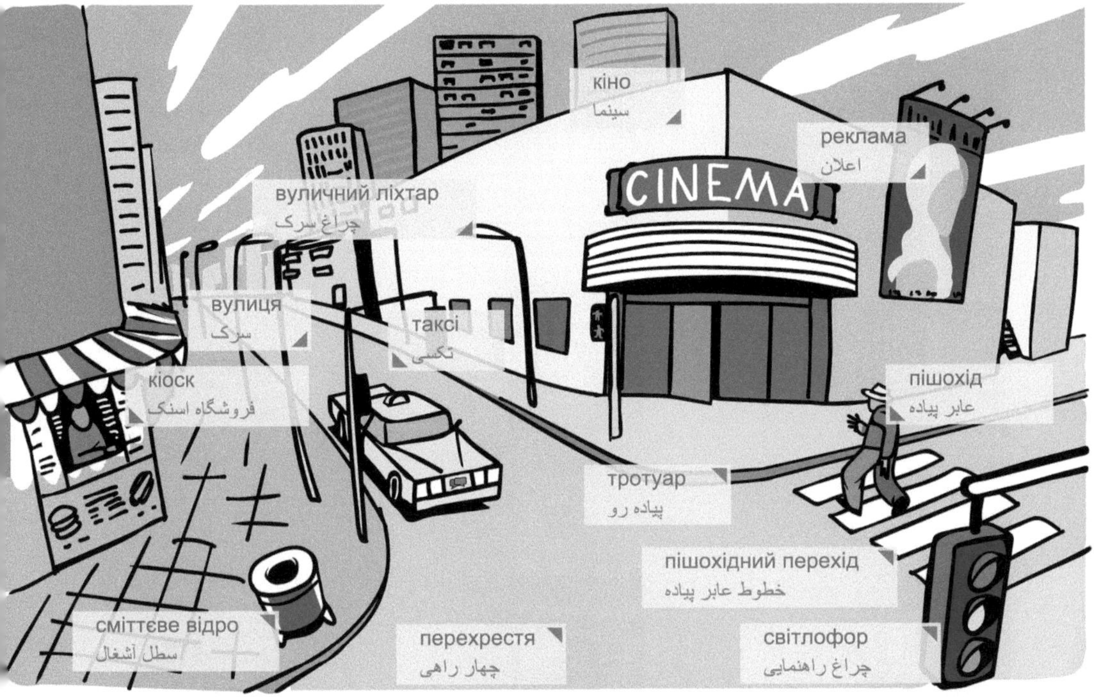

кіно
سینما

реклама
اعلان

вуличний ліхтар
چراغ سرک

CINEMA

вулиця
سرک

таксі
تکسی

пішохід
عابر پیاده

кіоск
فروشگاه اسنک

тротуар
پیاده رو

пішохідний перехід
خطوط عابر پیاده

сміттєве відро
سطل آشغال

перехрестя
چهار راهی

світлофор
چراغ راهنمایی

хатина
كلبه

квартира
آپارتمان

вокзал
ایستگاه ریل

ратуша
تالار شهر

музей
موزیم

школа
مكتب

університет

پوهنتون

банк

بانک

лікарня

شفاخانه

готель

هوتل

аптека

دواخانه

офіс

دفتر

книжковий магазин

کتابفروشی

магазин

مغازه

квітковий магазин

گل فروشی

супермаркет

سوپر مارکیت

ринок

فروشگاه

універмаг

فروشگاه

торговець рибою

ماهی فروشی

торговельний центр

مرکز خرید

гавань

بندر

місто - شهر

парк

پارک

лава

دراز چوکی

міст

پل

сходи

زینه ها

метро

مترو

тунель

تونل

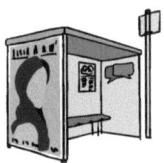

автобусна зупинка

ایستگاه بس

бар

میخانه

ресторан

رستورانت

поштова скринька

صندوق پست

вулична табличка

علامت سرک

лічильник паркування

ماشین پارکو متر

зоопарк

باغ وحش

басейн

حوض آببازی

мечеть

مسجد

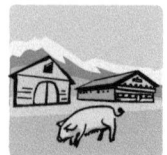

ферма

مزرعه

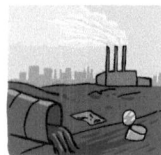

забруднення навколишнього середовища

آلوده گی

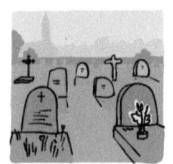

кладовище

قبرستان

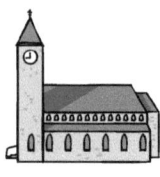

церква

کلیسا

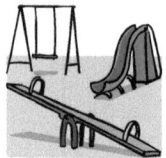

дитячий майданчик

میدان بازی

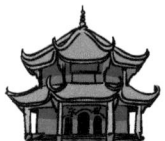

храм

معبد

ландшафт

چشم انداز

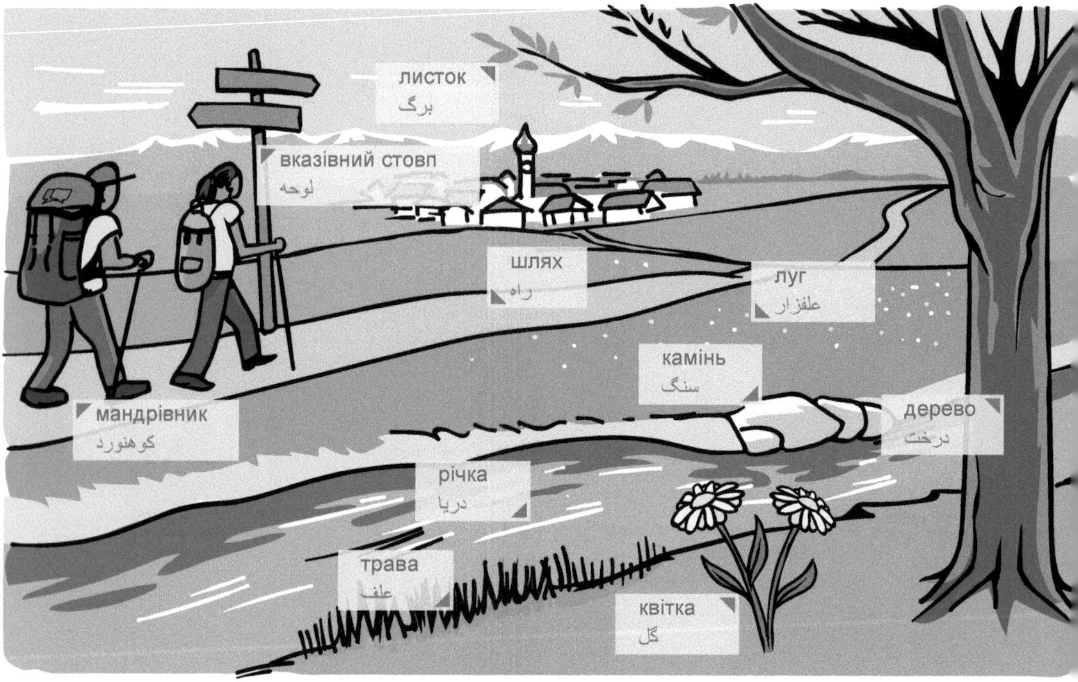
листок
برگ
вказівний стовп
لوحه
шлях
راه
луг
علفزار
камінь
سنگ
мандрівник
کوهنورد
дерево
درخت
річка
دریا
трава
علف
квітка
گل

долина

درّه

гора

تپّه

озеро

دریاچه

ліс

جنگل

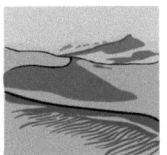

пустеля

صحرا

вулкан

آتشفشان

замок

قلعه

веселка

رنگین کمان

гриб

سمارق

пальма

درخت آلو

комар

پشّه

муха

مگس

мурашка

مورچه

бджола

زنبور

павук

عنکبوت

жук

قانغوزک

жаба

بقه

вивірка

موش خرما

їжак

خارپشت

заєць

خرگوش صحرایی

сова

بوم

птах

پرنده

лебідь

مرغابی

кабан

خوک وحشی

олень

گوزن

лось

گوزن شمالی

гребля

بند آب

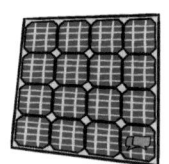

вітряк

توربین بادی

сонячний модуль

صفحه خورشیدی

клімат

آب و هوا

ресторан

رستورانت

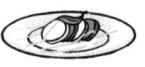

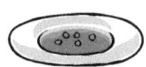

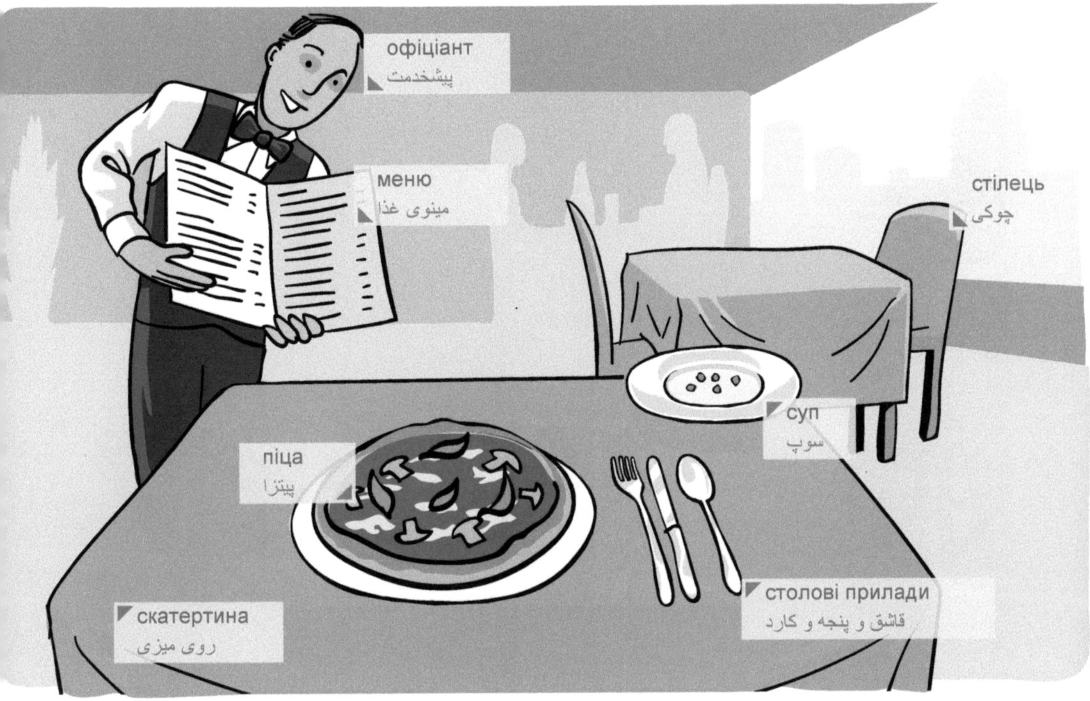

офіціант
پیشخدمت
меню
مینوی غذا
стілець
چوکی
суп
سوپ
піца
پیتزا
столові прилади
قاشق و پنجه و کارد
скатертина
روی میزی

закуска

پیش غذا

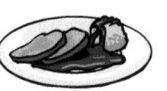

друга страва

غذای اصلی

десерт

شرینی

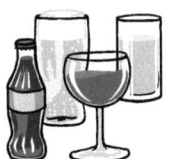

напої

نوشیدنی ها

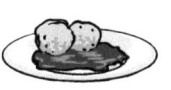

їжа

غذا

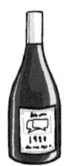

пляшка

بوتل

фаст-фуд

فاست فود

вулична їжа

غذای کنار سرک

чайник

چاینک/ترموز

цукорниця

قندانی

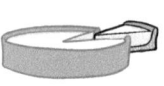

порція

بخش غذا

еспресо-машина

دستگاه اسپرسو

високий стільчик

چوکی بلند

рахунок

بل

піднос

پطنوس

ніж

چاقو

вилка

پنجه

ложка

قاشق

чайна ложка

قاشق چای خوری

серветка

دستپاک دسترخوان یا میز

склянка

گیلاس

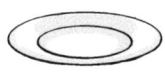

тарілка

بشقاب

тарілка для супу

بشقاب سوپ

блюдце

نعلبكى

соус

چتنى

солонка

نمكدان

млин для перцю

آسياب مرچ

оцет

سركه

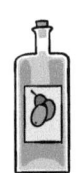

масло

روغن خوراكى

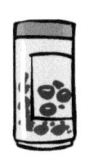

спеції

ادويه

кетчуп

كچاپ

гірчиця

ساس خردل

майонез

مايونز

супермаркет

سوپر مارکیت

пропозиція
پیشنهاد خاص
FOR
клієнт
مشتری
молочні продукти
لبنیات
фрукти
میوه
візок для покупок
چرخ دستی

BUTCHERS

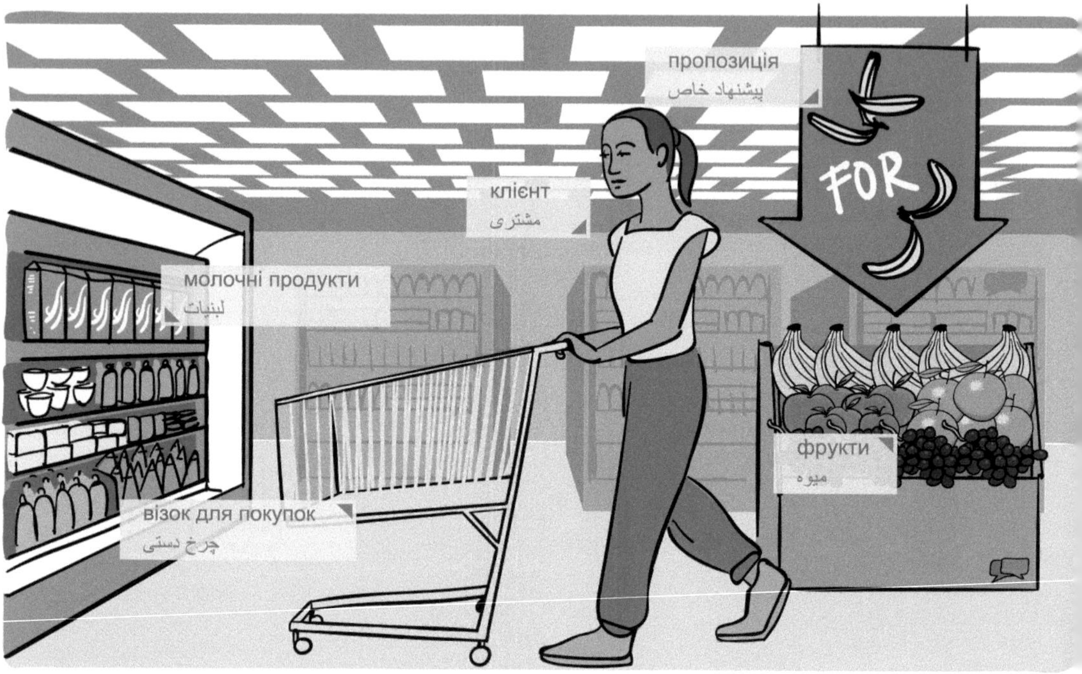

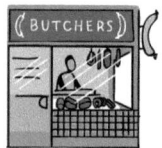

м'ясний магазин

قصابی

BAKERY

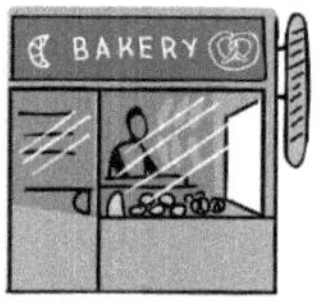

пекарня

نانوایی

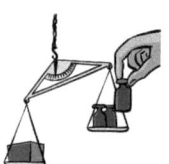

зважувати

وزن کردن

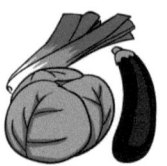

овочі

سبزیجات

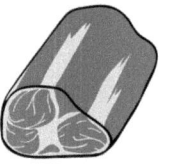

м'ясо

گوشت

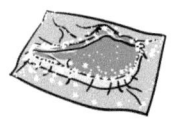

заморожені продукти

غذای منجمد

ковбасна нарізка

غذای سرد

консерви

غذای کنسر شده

пральний порошок

پودر رختشویی

солодощі

شیرینی

предмети домашнього побуту

لوازم خانگی

мийний засіб

محصولات پاک کننده

продавщиця

فروشنده

каса

دخل پیسه

касир

صندوقدار

список покупок

لست خرید

часи роботи

ساعات کاری

гаманець

بکسک جیبی

кредитна картка

کریدیت کارت

сумка

بیگ

поліетиленовий пакет

بیگ پلاستیکی

вода

آب

сік

جوس

молоко

شیر

кола

نوشابه

вино

شراب

пиво

بیر

алкоголь

الکول

какао

ککو

чай

چای

кава

قهوه

еспресо

اسپرسو

капучіно

کاپوچینو

банан

كيله

яблуко

سيب

апельсин

مالته

кавун

تربوز

лимон

ليمو

морква

زردگ

часник

سير

бамбук

چوب خيزران

цибуля

پياز

гриб

سمارق

горішки

مغزيات

локшина

آش

спагеті

مكرونى

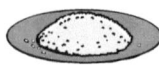

рис

برنج

салат

سلاد

картопля фрі

چيپس

смажена картопля

كچالو سرخ كرده

піца

پيتزا

гамбургер

همبرگر

бутерброд

ساندويچ

шніцель

كتلت

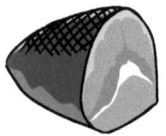

шинка

همبرگر

салямі

سالامى

ковбаса

ساسچ

курка

مرغ

печеня

كباب

риба

ماهى

вівсяні пластівці

فرنی جو

мюслі

صبحانه رژیمی

кукурудзяні пластівці

کورن فلکس

борошно

آرد

круасан

کروسانت

булочка

قرص نان

хліб

نان خشک

тостовий хліб

توست / نان بریان

печиво

بیسکیت

масло

مسکه

сир

چکه

пиріг

کیک

яйце

تخم مرغ

яєчня

تخم مرغ سرخ شده

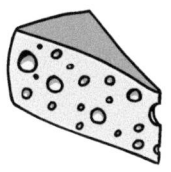

сир

پنیر

морозиво

آيسكريم

цукор

شكر

мед

عسل

мармелад

مربا

нуга-крем

مسكه چاكليت

карі

زردچوبه هندى

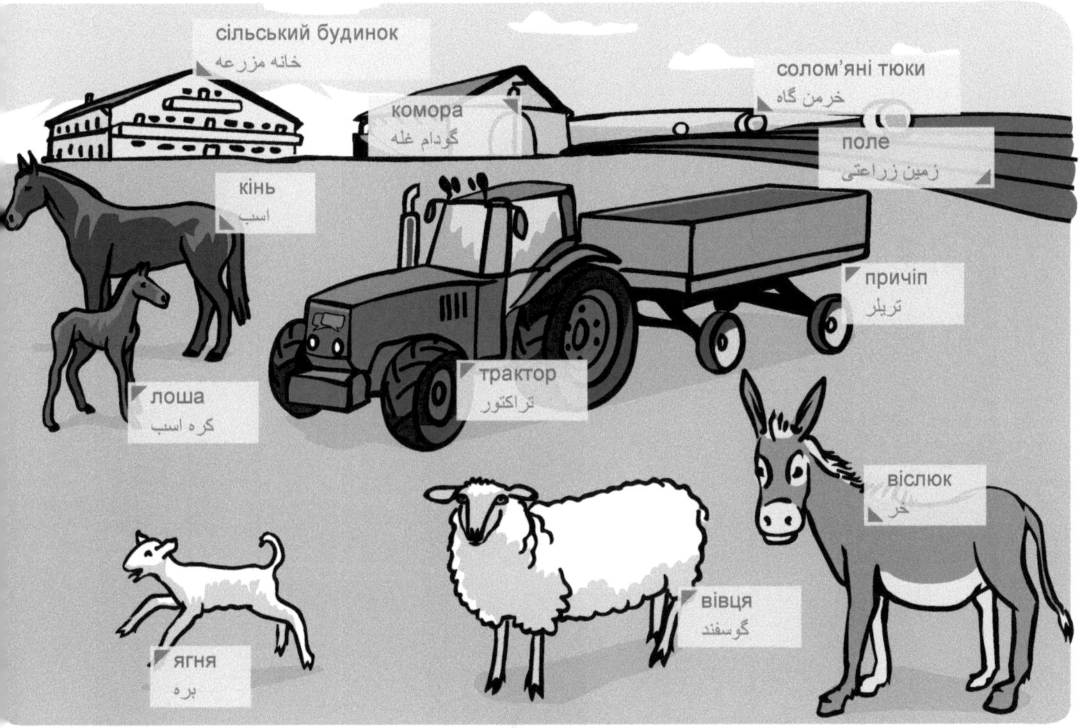

сільський будинок
خانه مزرعه

комора
گودام غله

солом'яні тюки
خرمن گاه

поле
زمین زراعتی

кінь
اسب

причіп
تریلر

лоша
کره اسب

трактор
تراکتور

віслюк
خر

вівця
گوسفند

ягня
بره

коза
....
بز

корова
....
گاو

теля
....
گوساله

свиня
....
خوک

порося
....
خوکچه

бик
....
گاو نر

гусак

قاز

качка

مرغابی

курча

جوجه مرغ

курка

مرغ

півень

خروس

щур

موش صحرایی

кіт

پیشک

миша

موش

віл

گاومیش

собака

سگ

собача будка

خانه سگ

садовий шланг

خانه باغ

лійка

آبپاش

коса

داس

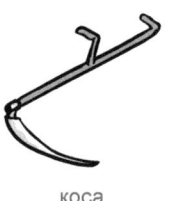

плуг

قولبه کردن

серп

داس

мотика

کج بیل

вила

چنگال باغبانی

сокира

تبر

тачка

کراچی

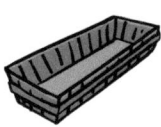

корито

تغار

бідон молока

قوطی شیر

мішок

بوجی

паркан

دیوار مرزی از چوب یا سیم خار دار

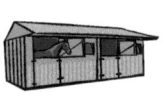

хлів

پایدار

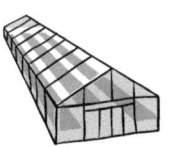

теплиця

گلخانه

ґрунт

خاک

насіння

تخم

добриво

کود

комбайн

ماشین درو وخرمنکوبی

пожинати

درو کردن

урожай

درو

корінь ямсу

کچالو شرین

пшениця

گندم

соя

سویا

картопля

کچالو

кукурудза

جواری

ріпак

کلزا

плодове дерево

درخت میوه

маніок

مانیوک

злаки

غلات و حبوبات

дім

خانه

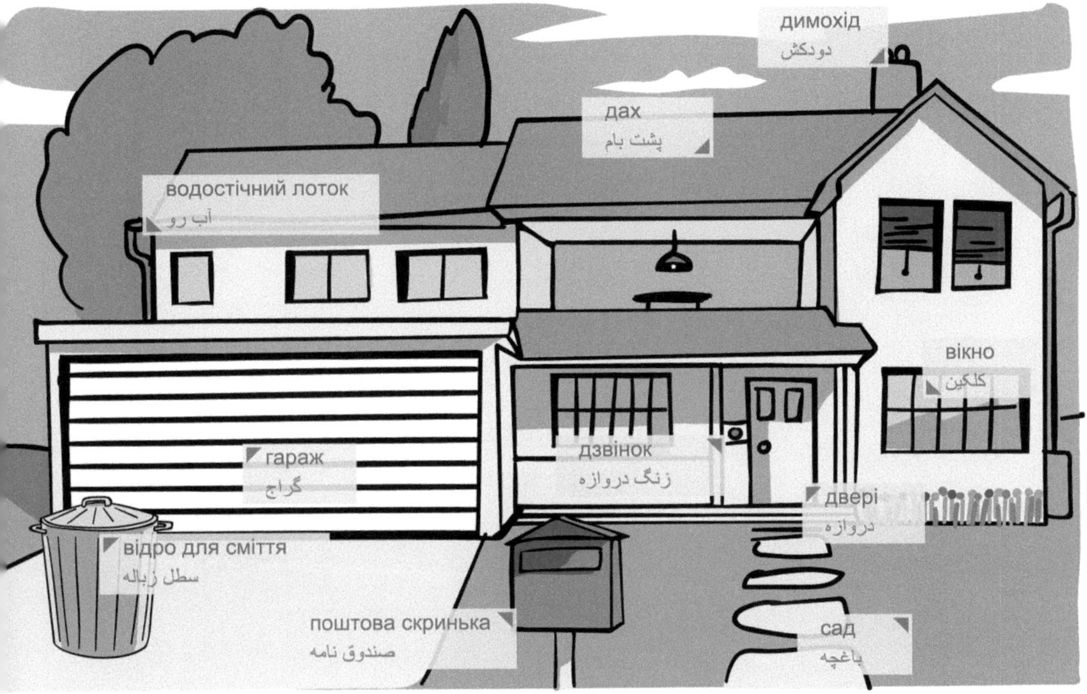

димохід
دودکش
дах
پشت بام
водостічний лоток
آب رو
вікно
کلکین
гараж
گراج
дзвінок
زنگ دروازه
двері
دروازه
відро для сміття
سطل زباله
поштова скринька
صندوق نامه
сад
باغچه

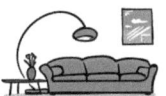

вітальня

اطاق نشیمن

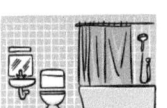

ванна кімната

حمام / دستشویی

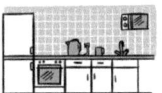

кухня

آشپزخانه

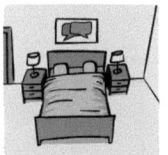

спальня

اطاق خواب

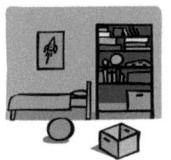

дитяча кімната

اطاق اطفال

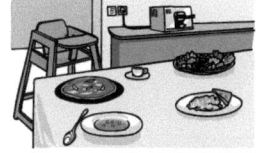

їдальня

اطاق پذیرایی

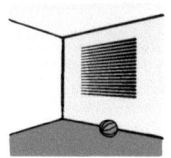

підлога

كف زمين

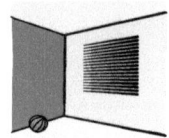

стіна

ديوار

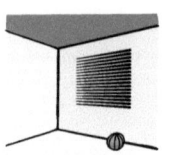

стеля

سقف

підвал

گودام زير زمينى

сауна

سونا

балкон

بالكن

тераса

برنده / بالكن

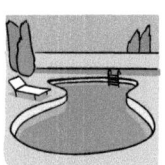

басейн

حوض

косарка

ماشين درو كردن چمن

простирало

ورق كاغذ

ковдра

روجايى

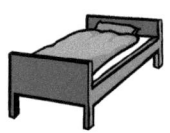

ліжко

تختخواب

мітла

جارو

відро

سطل

перемикач

سوييچ

вітальня
اطاق نشیمن

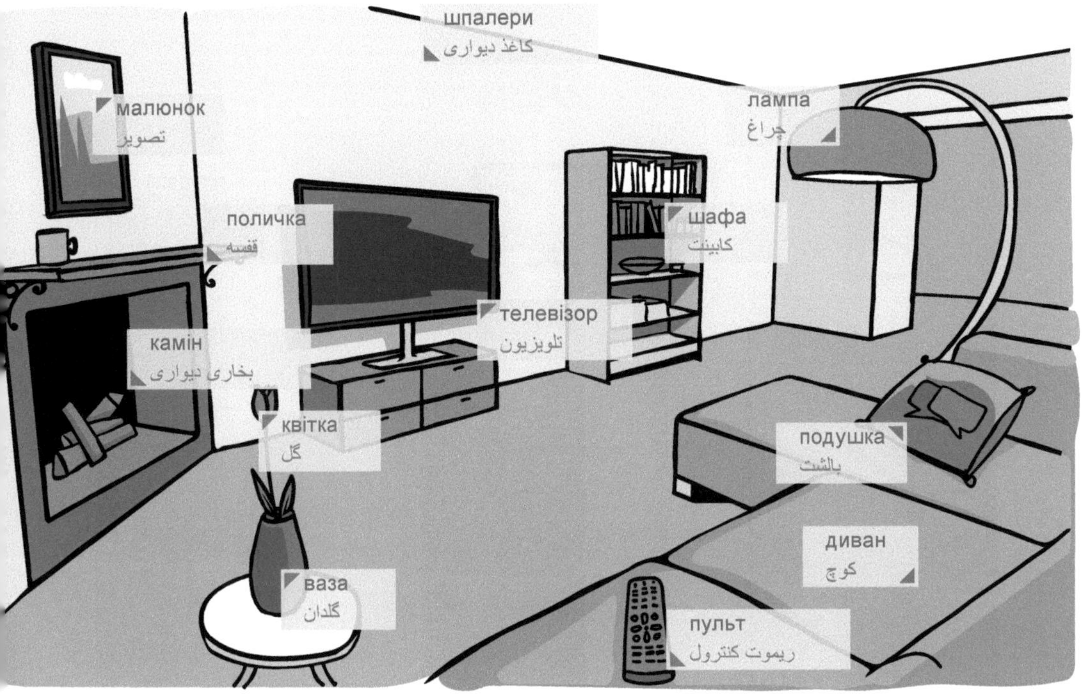
шпалери
کاغذ دیواری
малюнок
تصویر
лампа
چراغ
поличка
قفسه
шафа
کابینت
телевізор
تلویزیون
камін
بخاری دیواری
квітка
گل
подушка
بالشت
диван
کوچ
ваза
گلدان
пульт
ریموت کنترول

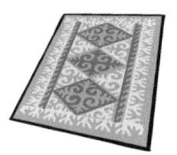

килим
فرش

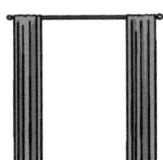

завіса
پرده

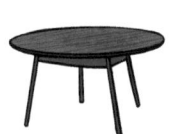

стіл
میز

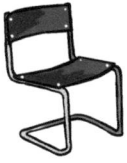

стілець
چوکی

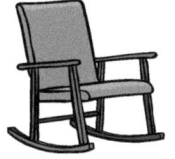

крісло-гойдалка
چوکی گهواره یی

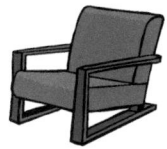

крісло
چوکی دسته دار

книга

كتاب

ковдра

كمپل

прикраса

دكوراسيون

дрова

هيزم

фільм

فلم

стереосистема

سيستم های فای

ключ

كليد

газета

روزنامه

картина

تابلوی نقاشی

плакат

پوستر

радіо

راديو

блокнот

دفتر

пилосос

جاروبرقی

кактус

كاكتوس

свічка

شمع

кухня

آشپزخانه

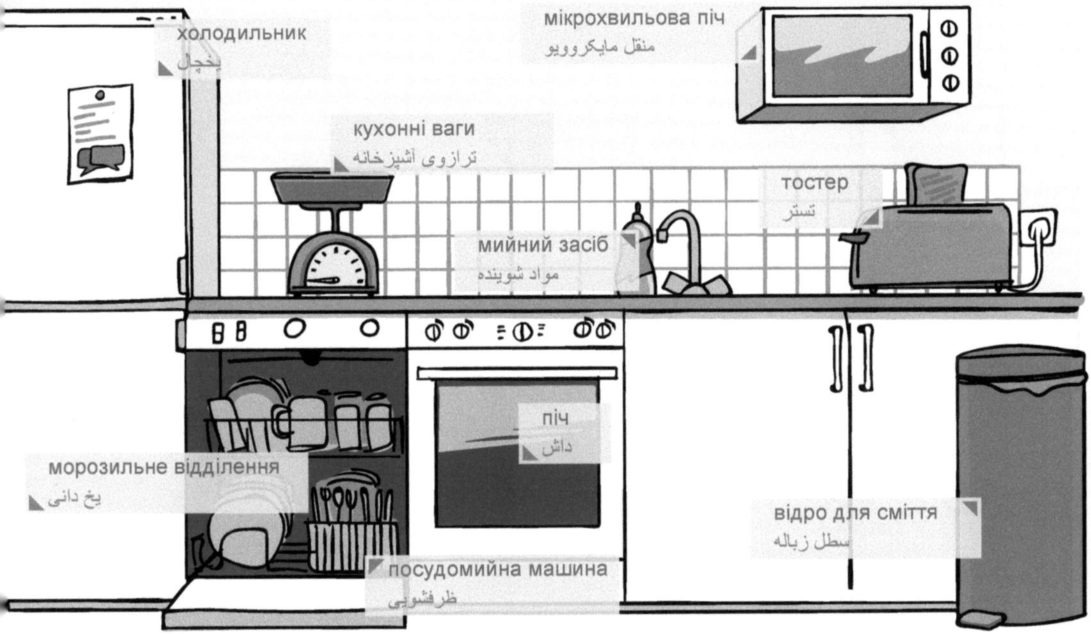

холодильник
یخچال
мікрохвильова піч
منقل مایکروویو
кухонні ваги
ترازوی آشپزخانه
тостер
تستر
мийний засіб
مواد شوینده
піч
داش
морозильне відділення
یخ دانی
відро для сміття
سطل زباله
посудомийна машина
ظرفشویی

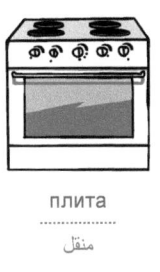

плита

منقل

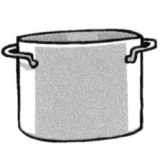

горщик

دیگ

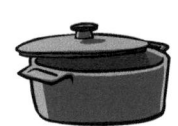

чавунний горщик

دیگ چدنی

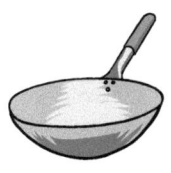

вок / кадай

کراهی

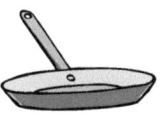

сковорода

تابه

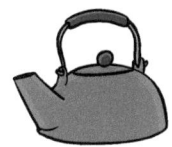

чайник

چای جوش

пароварка

بخارپز

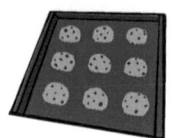

лист

پطنوس طباخی

посуд

ظروف

кухоль

پیاله کلان

чаша

کاسه

палички для їжі

چاپستیک ها

черпак

ملاقه

лопатка

کفگیر

вінчик для збивання

مخلوط کننده

сито

چلو صاف

сито

غلبیل

терка

رنده

ступка

هاونگ

барбекю

بار بیکیو

багаття

آتش باز

дошка

تخته برش

качалка

وردنه

штопор

سر بازکن

конзерва

قوطی

відкривачка

سر باز کن

прихватки

دستگیره تکه ای

раковина

ظرف شویی

щітка

برس ظرف شویی

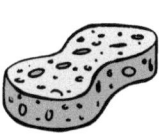

губка

اسفنج

міксер

مخلوط کن

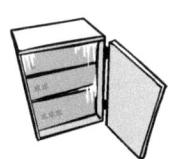

морозильна камера

فریزر

дитяча пляшка

شیر چوشک اطفال

кран

نل آب

ванна кімната

حمام / دستشویی

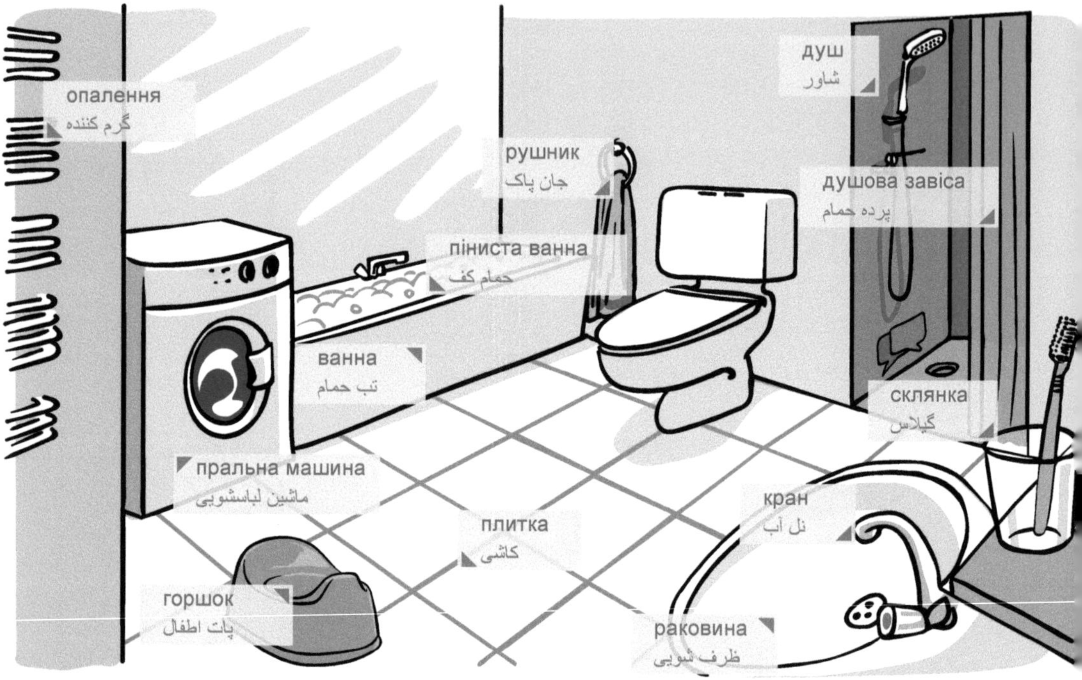

опалення
گرم کننده
рушник
جان پاک
душ
شاور
душова завіса
پرده حمام
пiниста ванна
حمام کف
ванна
تب حمام
склянка
گیلاس
пральна машина
ماشین لباسشویی
кран
نل آب
плитка
کاشی
горшок
پات اطفال
раковина
ظرف شویی

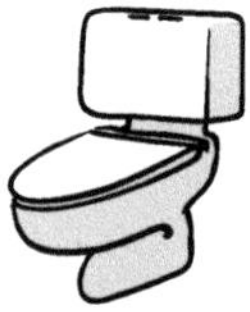

туалет

تشناب

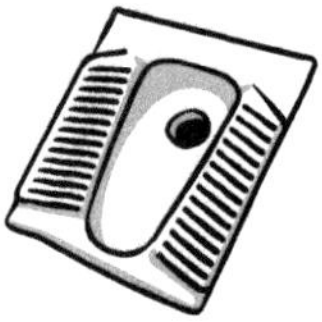

підлоговий туалет

کمود فرشی

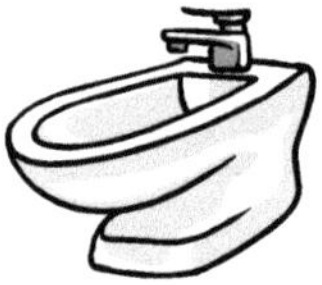

біде

کمود

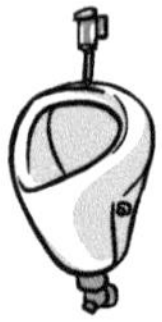

пісуар

تشناب مرد ها

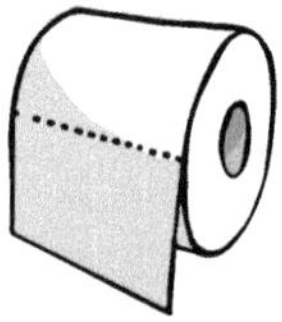

туалетний папір

کاغذ تشناب

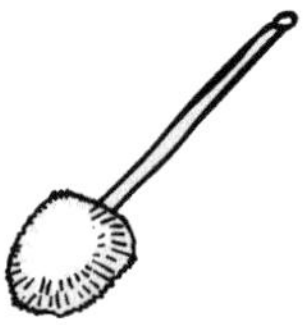

щітка для туалету

برس کمود

зубна щітка

برس دندان

зубна паста

کریم دندان

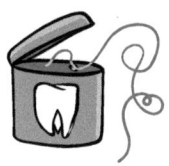

нитка для чищення зубів

نخ دندان

мити

شستن

ручний душ

شاور دستی

інтимний душ

شاور کمود

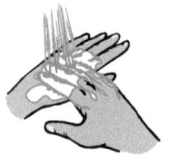

таз

دستشویی

щітка для спини

برس پشت

мило

صابون

гель для душу

ژل حمام

шампунь

شامپو

мочалка

لیف

водостік

آب رو

крем

کریم

дезодорант

بوزدا

дзеркало

آینه

косметичне дзеркало

آینه دستی

бритва

ریش تراش

піна для гоління

کف ریش تراشی

лосьйон після гоління

کلونیا

гребінь

شانه موی

щітка

برس

фен

سشوار

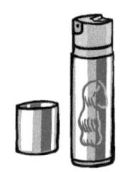

лак для волосся

اسپری مو

косметика

آرایش

губна помада

لب سرین

лак для нігтів

رنگ ناخن

вата

پشم پنبه

ножиці для нігтів

ناخن گیر

парфум

عطر

косметичка

کیسه شستشو

табурет

چوکی چار پایه

ваги

ترازوی وزن

халат

جان پاک

гумові рукавички

دستکش پلاستیکی

тампон

تامپون

гігієнічні прокладки

کوتکس

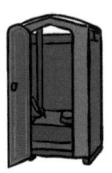

біотуалет

تشناب سیار

дитяча кімната

اطاق اطفال

будильник
ساعت زنگ دار
м'яка іграшка
گدی های نرم
іграшковий автомобіль
موتر سامان بازی
брязкальце
جرنگانه
ляльковий будиночок
خانه گدی
подарунок
هدیه

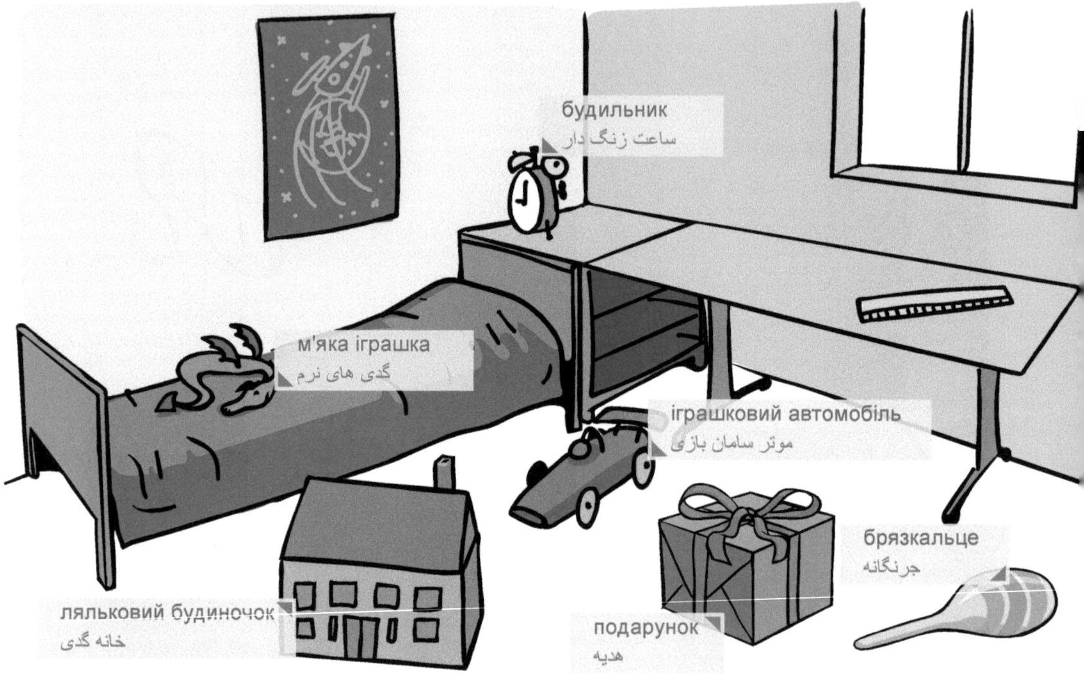

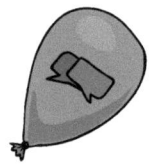

повітряна кулька

پوقانه

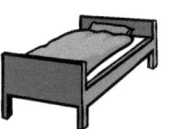

ліжко

تختخواب

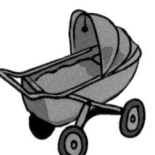

дитячий візок

ریکشه اطفال

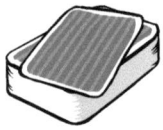

картярська гра

قطعه بازی

пазл

پازل

SUPER
MEGA

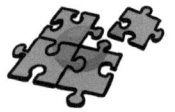

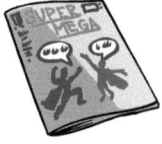

комікс

خنده آور

лего цеглинки

خشت های لگو

блоки

بلوک های سامان بازی

іграшкова фігурка

بچه فلم

повзунки

لباس طفل

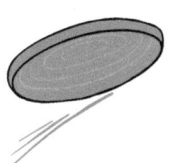

фризбі

فریزبی

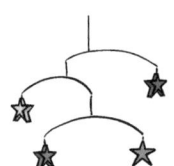

мобіле

سامان بازی که روی تخت خواب اطفال
اویزان می شود

настільна гра

بازی تخته یی

кубик

تاس

модель залізнична станція

ریل اسباب بازی

соска

چوشک

вечірка

مهمانی

книжка з картинками

کتاب تصویری

м'яч

توپ

лялька

گدیگک

грати

بازی کردن

пісочниця

جعبه ریگ

гойдалка

گاز

іграшка

اسباب بازی

гральна консоль

کنسول بازی کمپیوتری

триколісний велосипед

سه چرخه

плюшевий мішка

خرس سامان بازی

шафа

الماری لباس

ОДЯГ

لباس

шкарпетки

جوراب

панчохи

جوراب دراز

колготки

برجس

шарф
چادر سر

парасоля
چتری

ремінь
کمربند

футболка
بلوز

чоботи
بوت

домашнє взуття
چپلک

кросівки
کرمچ

сандалі
چپلی

взуття
بوت

гумові чоботи
موزه پلاستیکی

труси
نیکر

бюстгальтер
واسکت زنانه

нижня сорочка
واسکت

боді

بدن

штани

برزو

джинси

پتلون کاوبای

спідниця

دامن

блузка

بلوز

сорочка

پیراهن

пуловер

یالان

светр

جاکت کلاه دار

піджак

جاکت

куртка

چمپر

пальто

کورتی

дощовик

کوت بارانی

костюм

لباس مخصوص مراسم

сукня

پیراهن

весільна сукня

لباس عروسی

костюм

دریشی

нічна сорочка

لباس خواب

піжама

پاجامه

сарі

ساری

головна хустка

چادر سر

чалма

لنگی

бурка

چادری

кафтан

کفتان

абая

چادر

купальник

لباس آببازی

плавки

نیکر پاچه دار

шорти

پتلون نصفه

тренувальний костюм

لباس ورزشی

фартух

پیش بند

рукавички

دستکش

гудзик

دكمه

окуляри

عینک

браслет

دستبند

ланцюг

گردن بند

кільце

انگشتر

сережка

گوشواره

шапка

کلاه پیک دار

плічка

کوت بند

капелюх

کلاه

краватка

نیکتایی

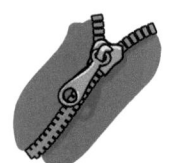

застібка-блискавка

زیپ

шолом

کلاه مصون

підтяжки

بند تنبان

шкільна форма

یونیفورم مکتب

уніформа

یونیفورم

нагрудник

پیش بند

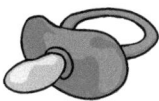

соска

چوشک

підгузок

پمپر

офіс

دفتر

сервер
سرور

шаф для документів
الماری اسناد

принтер
پرینتر

монітор
مانیتور

папір
کاغذ

миша
ماوس

письмовий стіл
میز کار

папка
فولدر

синтезатор
کیبورد

кошик для паперу
سبد کاغذ باطله

стілець
چوکی

комп'ютер
کمپیوتر

кавовий кухоль

گیلاس قهوه

калькулятор

ماشین حساب

інтернет

اینترنت

ноутбук

لپ تاپ

лист

نامه

повідомлення

پیام

мобільний телефон

موبایل

мережа

شبکه

копіювальний пристрій

ماشین فوتوکاپی

програмне забезпечення

نرم افزار

телефон

تلیفون

розетка

پلک

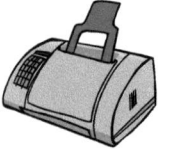

факс

دستگاه فکس

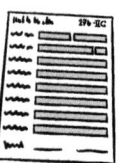

бланк

فورمه

документ

سند

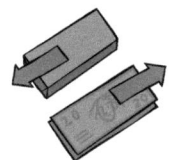

купувати

خرید کردن

платити

پرداختن

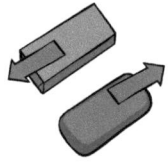

торгувати

تجارت کردن

гроші

پول

 **USD**

долар

دالر

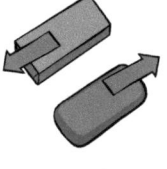 **EUR**

євро

یورو

 **JPY**

ієна

ین

 **RUB**

рубль

روبل

 **CHF**

франк

فرانک سوئیس

 **CNY**

юанів женьміньбі

یوان رنمینبی

 **INR**

рупія

روپیه

банкомат

خودپرداز

обмінний пункт

دفتر صرافی

золото

طلا

срібло

نقره

нафта

نفت

енергія

انرژی

ціна

قیمت

контракт

قرارداد

податок

مالیات

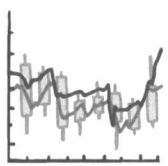

акція

سهام

працювати

کار کردن

працівник

کارمند

роботодавець

استخدام کننده

фабрика

فابریکه

магазин

مغازه

професії
شغل ها

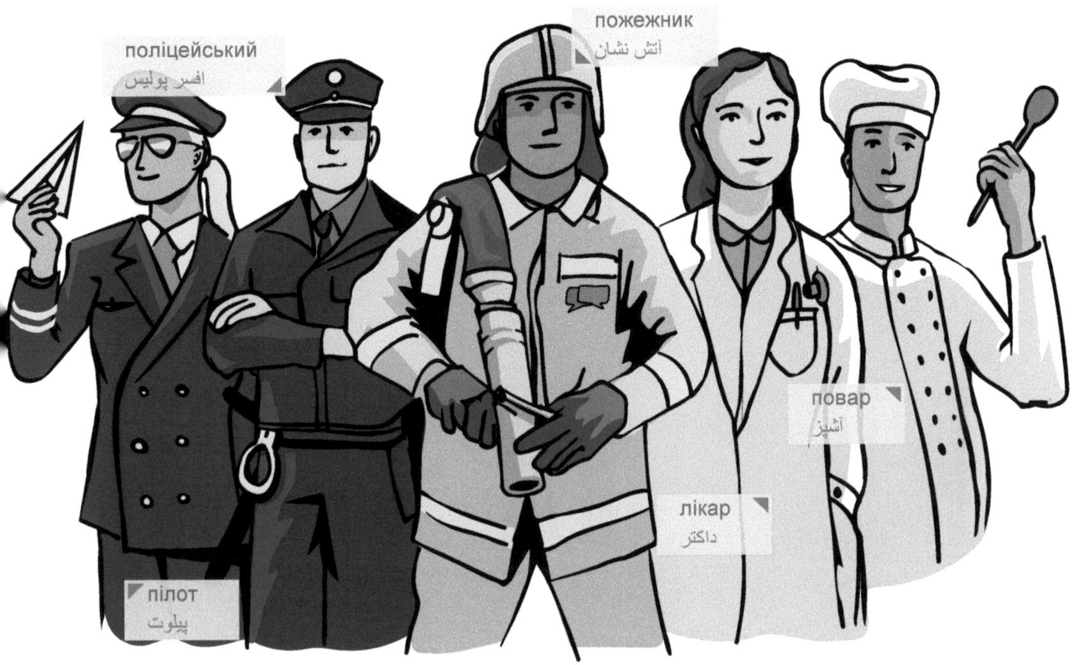
пожежник
آتش نشان
поліцейський
افسر پولیس
повар
آشپز
лікар
داکتر
пілот
پیلوت

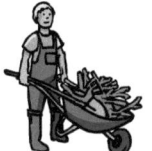

садівник
باغبان

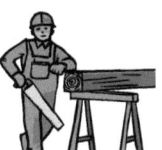

столяр
نجار

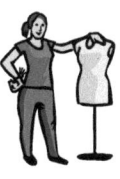

швачка
خیاط

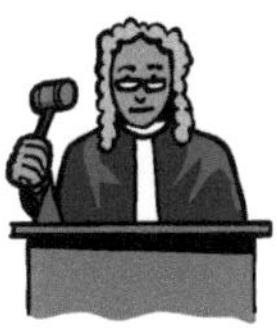

суддя
قاضی

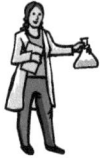

хімік
کیمیا دان

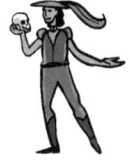

актор
بازیگر

водій автобуса

راننده بس

таксист

راننده تکسی

рибалка

ماهیگیر

прибиральниця

خدمه

покрівельник

سقف ساز

офіціант

پیشخدمت

мисливець

شکارچی

художник

نقاش

пекар

نانوا

електрик

برقی

будівельник

بنا

інженер

انجنیر

забійник

قصاب

бляхар

نلدوان

листоноша

پستچی

солдат

سرباز

архітектор

معمار

касир

صندوقدار

флорист

گل فروش

перукар

آرایشگر

кондуктор

مامور تکت ریل

механік

میخانیک

капітан

کاپیتان

дантист

داکتر دندان

вчений

دانشمند

рабин

خاخام/ عالم یهودی

імам

امام

монах

راهب

пастор

ملا

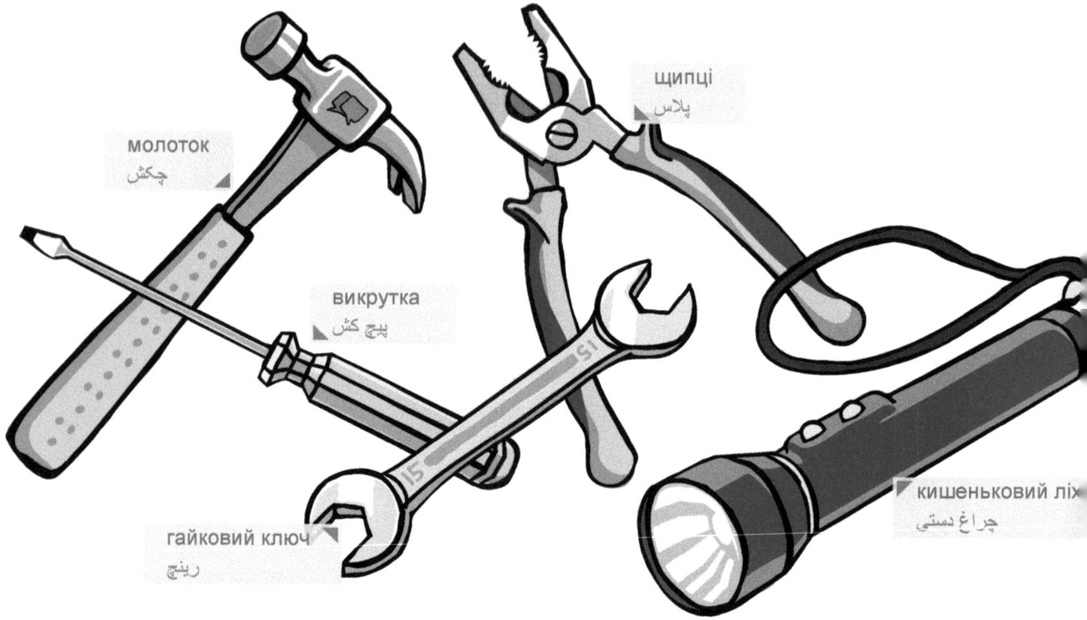

молоток

چکش

щипці

پلاس

викрутка

پیچ کش

гайковий ключ

رینچ

кишеньковий ліх

چراغ دستی

екскаватор

ماشین حفاری

ящик для інструментів

جعبه ابزار

драбина

زینه

пилка

اره

цвяхи

میخ

свердло

برمه

ремонтувати

ترمیم کردن

лопата

بیل

лайно!

لعنتی!

совок

خاکروبه

відро з фарбою

سطل رنگ

гвинти

پیچ

музичні інструменти
آلات موسیقی

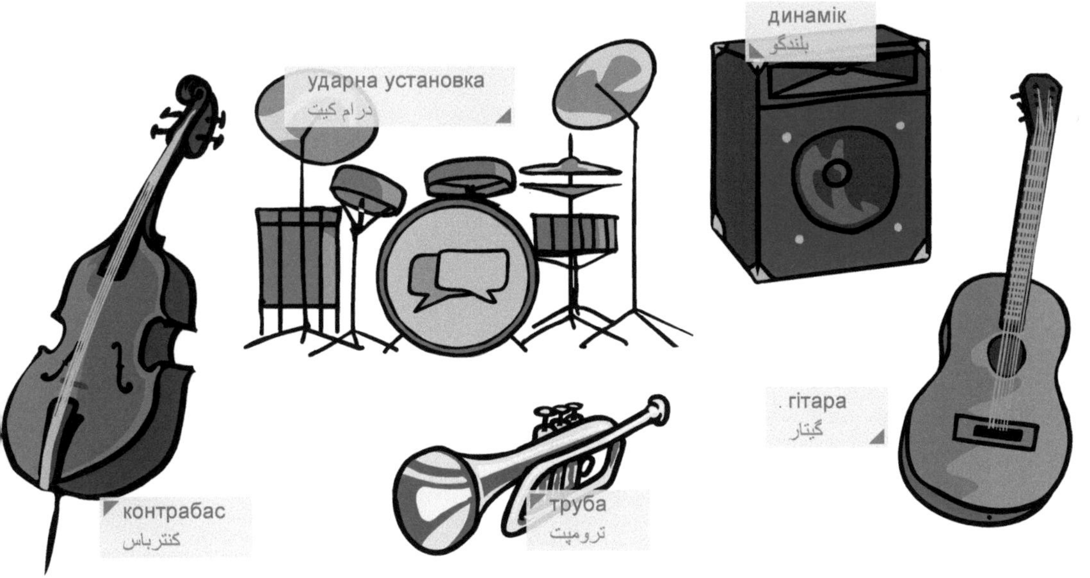

динамік

بلندگو

ударна установка

درام کیت

контрабас

کنترباس

труба

ترومپت

гітара

گیتار

фортепіано

پیانو

скрипка

وایلن

бас

گیتار بیس

литаври

دهل

барабан

دول

клавіатура

پیانوی برقی

саксофон

ساکسوفون

флейта

تولـه

мікрофон

میکروفون

зоопарк

باغ وحش

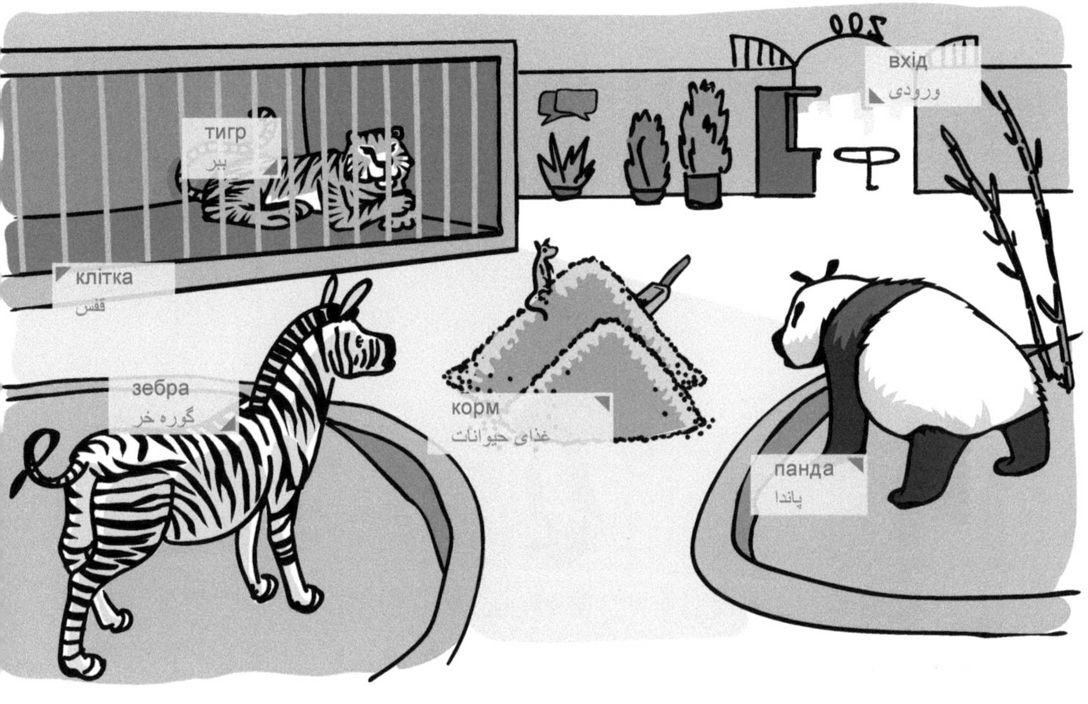

вхід
ورودی
тигр
ببر
клітка
قفس
зебра
گوره خر
корм
غذای حیوانات
панда
پاندا

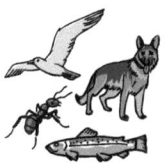

тварини

حیوانات

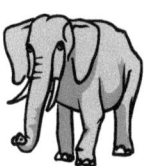

слон

فیل

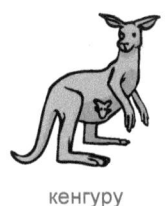

кенгуру

کانگورو

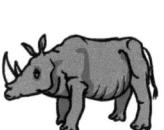

носоріг

غژ گاو

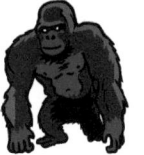

горила

گوریلا

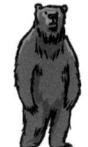

ведмідь

خرس

верблюд

شتر

страус

شترمرغ

лев

شیر

мавпа

میمون

фламінго

فلامینگو

папуга

طوطی

білий ведмідь

خرس قطبی

пінгвін

پنگوئن

акула

کوسه

павич

طاووس

змія

مار

крокодил

تمساح

працівник зоопарку

نگهبان باغ وحش

тюлень

سگ آبی

ягуар

پلنگ خالدار امریکایی

поні

اسب کوچک

леопард

پلنگ

гіпопотам

اسب آبی

жираф

زرافه

орел

عقاب

кабан

خوک وحشی

риба

ماهی

черепаха

سنگ پشت

морж

شیر دریایی

лисиця

روباه

газель

غزال

американський футбол
فوتبال امریکایی

їзда на велосипеді
بایسکل سواری

теніс
تنیس

баскетбол
باسکتبال

плавання
آب بازی

бокс
بوکس

хокей
هاکی روی یخ

футбол
فوتبال

бадмінтон
بدمینتون

легка атлетика
ورزشکاری

гандбол
هندبال

лижні перегони
اسکی

поло
پولو

дії

فعالیت ها

стрибати
خیز زدن
обіймати
بغل کردن
сміятися
خندیدن
йти
راه رفتن
співати
خواندن
мріяти
خواب دیدن
молитися
دعا کردن
цілувати
بوسیدن

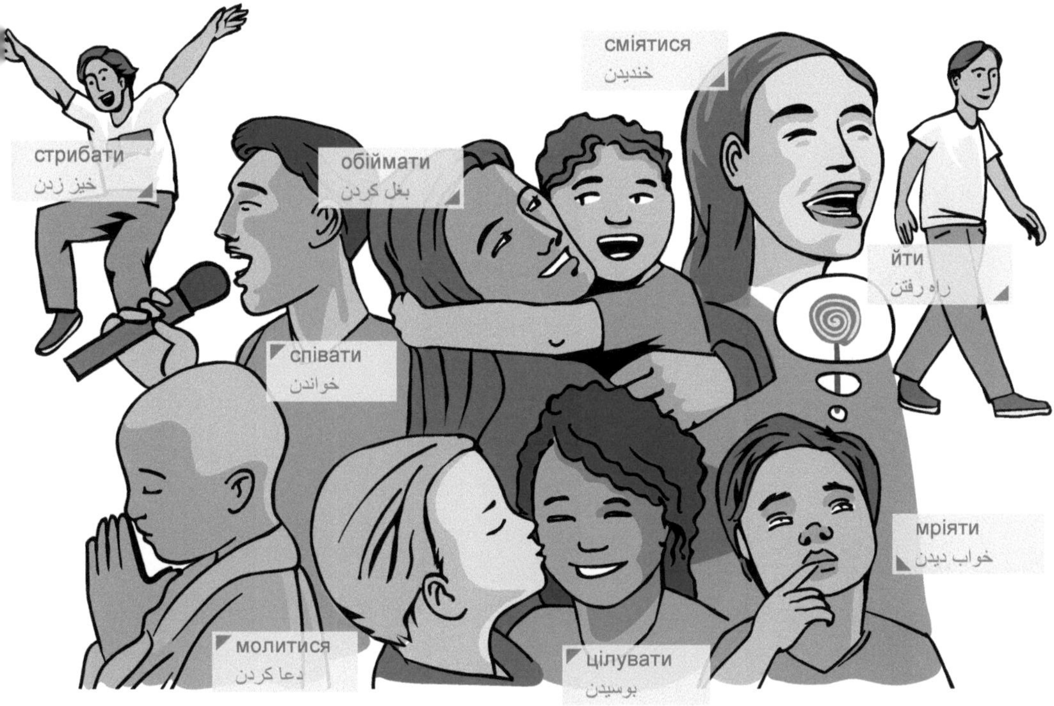

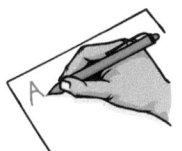

писати

نوشتن

малювати

کشیدن

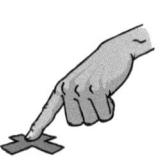

показувати

نشان دادن

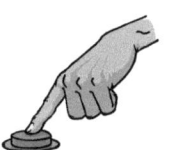

тиснути

تیله کردن

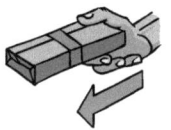

давати

دادن

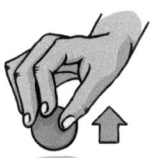

брати

گرفتن

мати

داشتن

робити

انجام دادن

бути

بودن

стояти

ایستادن

бігати

دویدن

тягнути

كش كردن

кидати

پرتاب كردن

падати

افتادن

лежати

دروغ گفتن

очікувати

صبر كردن

носити

حمل كردن

сидіти

نشستن

одягати

لباس پوشیدن

спати

خوابیدن

просипатися

بیدار شدن

дивитися

نگاه کردن

плакати

گریه کردن

гладити

ضربه زدن

розчісувати

شانه کردن

розмовляти

صحبت کردن

розуміти

فهمیدن

питати

پرسیدن

слухати

گوش دادن

пити

نوشیدن

їсти

خوردن

прибирати

مرتب کردن

любити

عشق ورزیدن

варити

پختن

їхати

راننده گی کردن

літати

پرواز کردن

йти під вітрилом

روی آب حرکت کردن

рахувати

حساب کردن

читати

خواندن

вчитися

یاد گرفتن

працювати

کار کردن

одружуватися

ازدواج کردن

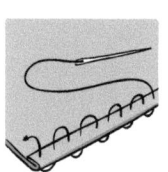

шити

دوختن

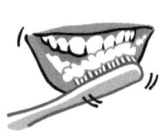

чистити зуби

برس کردن دندان ها

убивати

کشتن

курити

سگریت کشیدن

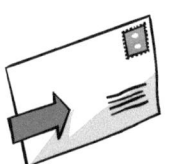

посилати

فرستادن

сім'я
فامیل

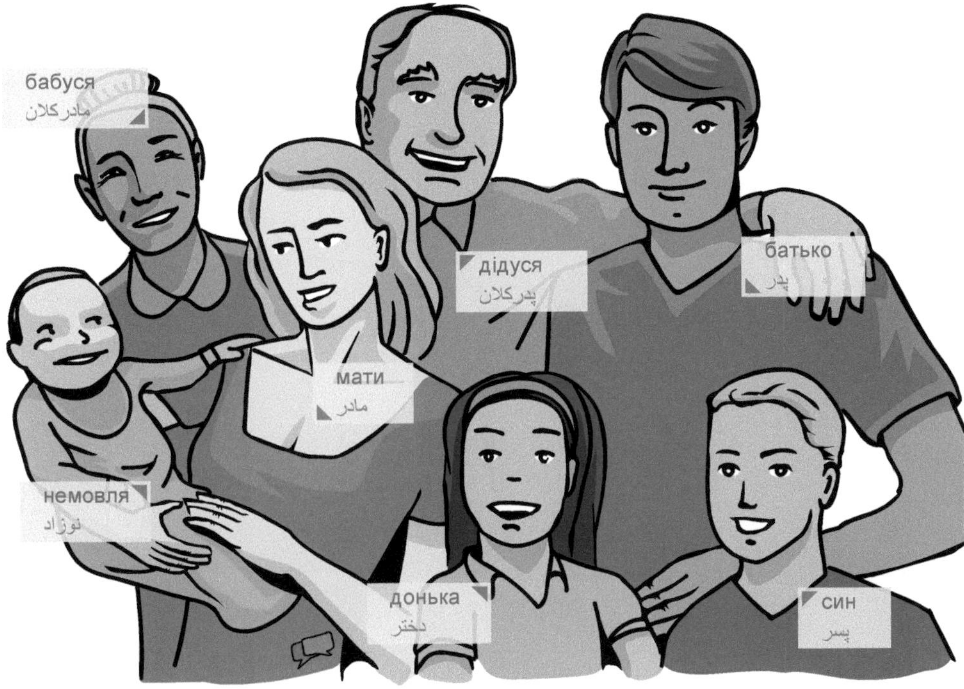
бабуся
مادرکلان
дідуся
پدرکلان
батько
پدر
мати
مادر
немовля
نوزاد
донька
دختر
син
پسر

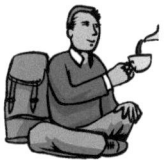

гість

مهمان

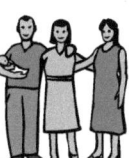

тітка

عمه / خاله

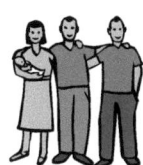

дядько

ماما/کاکا

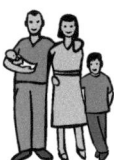

брат

برادر

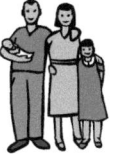

сестра

خواهر

тіло

بدن

чоло
پیشانی
око
چشم
плече
شانه
палець
انگشت
обличчя
روی
підборіддя
زنخ
кисть
دست
груди
سینه
нога
پا
рука
بازو

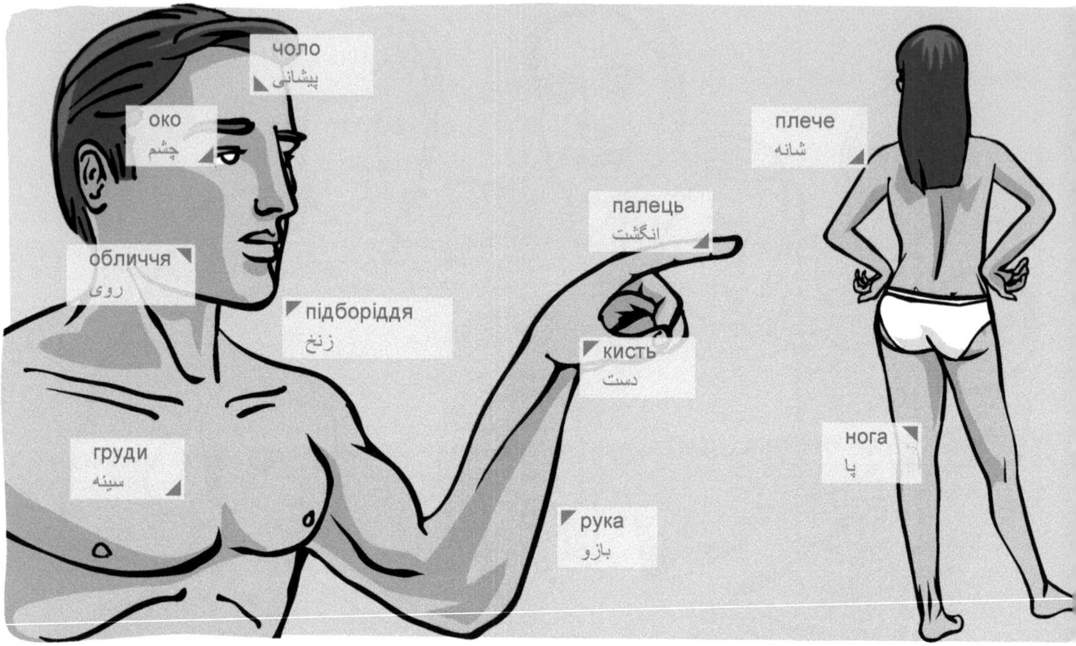

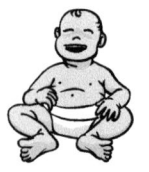

немовля

نوزاد

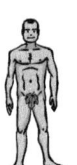

чоловік

مرد

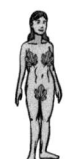

жінка

زن

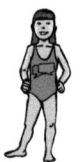

дівчина

دختر

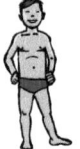

хлопчик

پسر

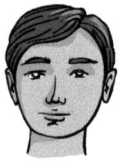

голова

سر

спина

کمر

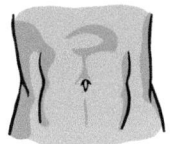

живіт

شکم

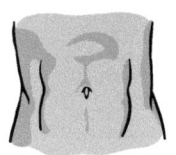

пуп

ناف

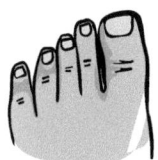

палець ноги

انگشت پا

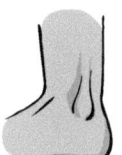

п'ята

کوری پای

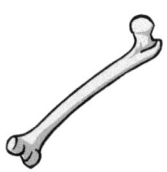

кістка

استخوان

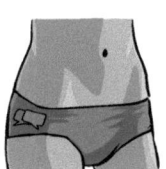

стегно

کمر

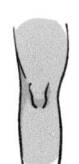

коліно

زانو

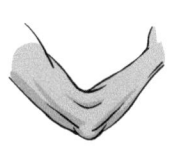

лікоть

آرنج

ніс

بینی

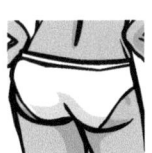

сідниці

سرین

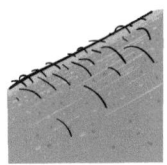

шкіра

پوست

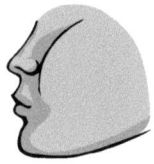

щока

کومه

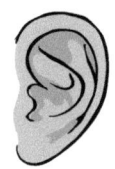

вухо

گوش

губа

لب

рот

دهان

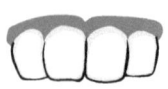

зуб

دندان

язик

زبان

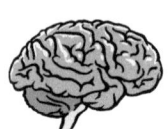

мозок

مغز

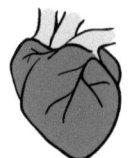

серце

قلب

м'яз

عضله

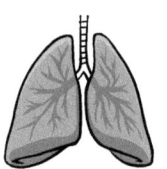

легені

شش

печінка

جگر

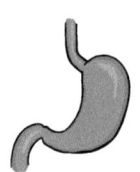

шлунок

معده

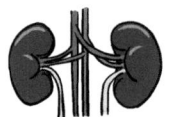

нирки

گرده

статевий акт

رابطه جنسی

презерватив

کاندوم

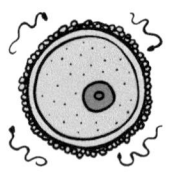

яйцеклітина

تخمه

сперма

آب منی

вагітність

حاملگی

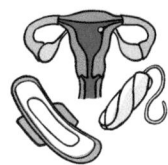

менструація
....
قاعده گی

вагіна
....
مجرای تناسلی زن

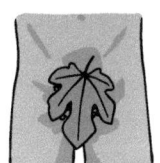

пеніс
....
آلت تناسلی مرد

брова
....
ابرو

волосся
....
مو

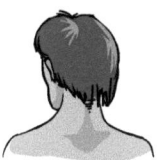

шия
....
گردن

лікарня
شفاخانه

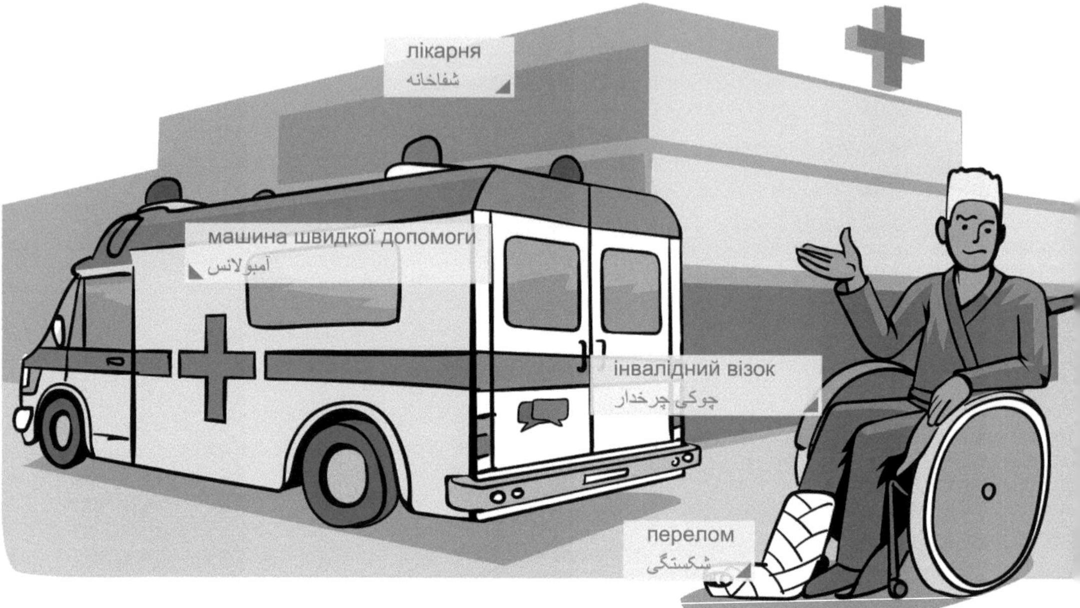

машина швидкої допомоги
آمبولانس

інвалідний візок
چوکی چرخدار

перелом
شکستگی

лікар

داکتر

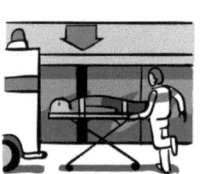

відділення швидкої
медичної допомоги

اطاق عاجل

медсестра

نرس

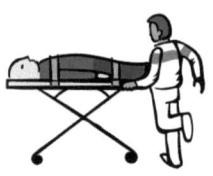

аварійний випадок

عاجل

непритомний

بیهوش

біль

درد

травма

جراحت

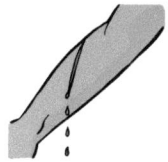

кровотеча

خونریزی

інфаркт

حمله قلبی

інсульт

سکته مغزی

алергія

حساسیت

кашель

سرفه

лихоманка

تب

грип

انفلوانزا

пронос

اسهال

головна біль

سردرد

рак

سرطان

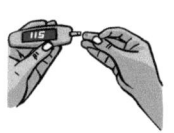

діабет

شکر

хірург

جراح

скальпель

چاقوی جراحی

операція

عملیات

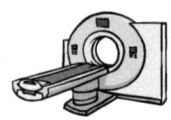

КТ

سی تی

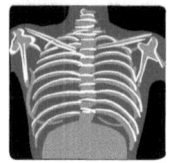

рентген

ایکسری

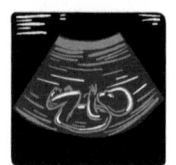

ультразвук

سونوگرافی

маска

ماسک روی

хвороба

مریضی

зал очікування

اطاق انتظار

милиця

عصا

пластир

گچ

пов'язка

پانسمان

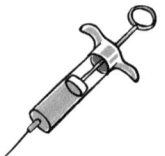

ін'єкція

تزریق

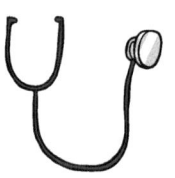

стетоскоп

استتسکوپ

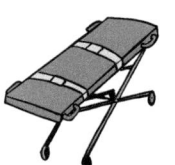

ноші

تذکره

термометр

ترمامیتر کلینیکی

народження

تولد

надмірна вага

اضافه وزن

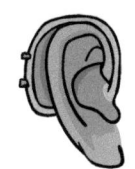

слуховий апарат

سمعک

дезінфікуючий засіб

ضدعفونی کننده

інфекція

عفونت

вірус

وایروس

ВІЛ / СНІД

اچ آی وی / ایدز

медицина

ادویه

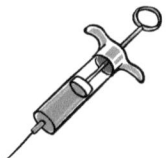

вакцинація

واکسیناسیون

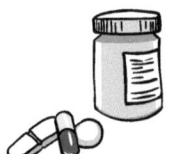

таблетки

تابلیت ها

протизаплідна пігулка

تابلیت

екстрений виклик

تماس اضطراری

тонометр

مانیتور فشار خون

хворий / здоровий

بیمار / سالم

сигнал тривоги

زنگ هشدار

напад

تجاوز

Допоможіть!

کمک!

атака

حمله

небезпека

خطر

аварійний вихід

خروج اضطراری

вогнегасник

آله ضد حریق

аварія

حادثه

Вогонь!

آتش!

аптечка

بکسه کمک های اولیه

СОС

پیام اضطراری

поліція

پولیس

Європа

اروپا

Північна Америка

امریکای شمالی

Південна Америка

امریکای جنوبی

Африка

آفریقا

Азія

آسیا

Австралія

استرالیا

Атлантика

اقیانوس اطلس

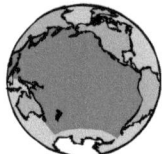

Тихий океан

اقیانوس آرام

Індійський океан

اقیانوس هند

Антарктичний океан

اقیانوس منجمد جنوبی

Північний Льодовитий океан

اقیانوس منجمد شمالی

Північний полюс

قطب شمال

Південний полюс

قطب جنوب

Антарктика

قاره قطب جنوب

Земля

زمین

суша

خشکی

море

دریا

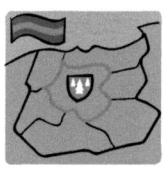

острів

جزیره

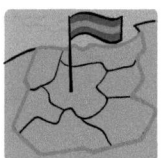

нація

ملت

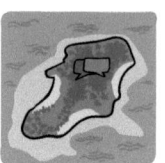

держава

کشور

циферблат

روی ساعت

годинникова стрілка

عقربه ساعت شمار

хвилинна стрілка

عقربه دقیقه شمار

секундна стрілка

عقربه ثانیه شمار

Котра година?

ساعت چند است؟

день

روز

час

زمان

зараз

اکنون

цифровий годинник

ساعت دستی دیجیتل

хвилина

دقیقه

година

ساعت

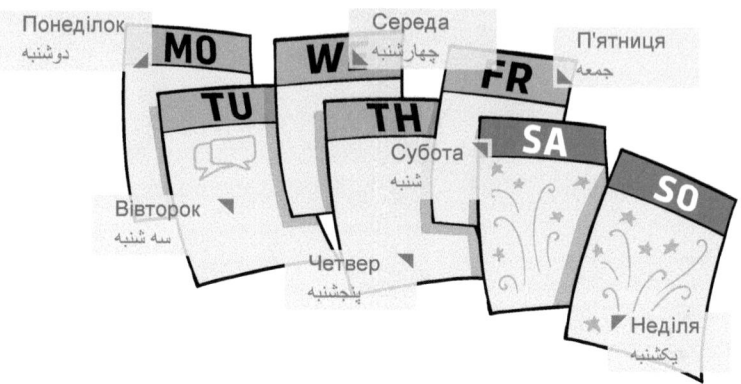

Понеділок دوشنبه — MO

Середа چهارشنبه — W

П'ятниця جمعه — FR

Вівторок سه شنبه — TU

Четвер پنجشنبه — TH

Субота شنبه — SA

Неділя یکشنبه — SO

вчора

ديروز

сьогодні

امروز

завтра

فردا

ранок

صبح

опівдні

ظهر

вечір

غروب

робочі дні

روزهای کاری

кінець робочого тижня

آخر هفته

рік
سال

дощ
باران
веселка
رنگین کمان
вітер
شمال
сніг
برف
весна
بهار
осінь
خزان
літо
تابستان
зима
زمستان

4.APRIL 11°
5.APRIL 4°
6.APRIL 13°
7.APRIL 8°
8.APRIL 10°

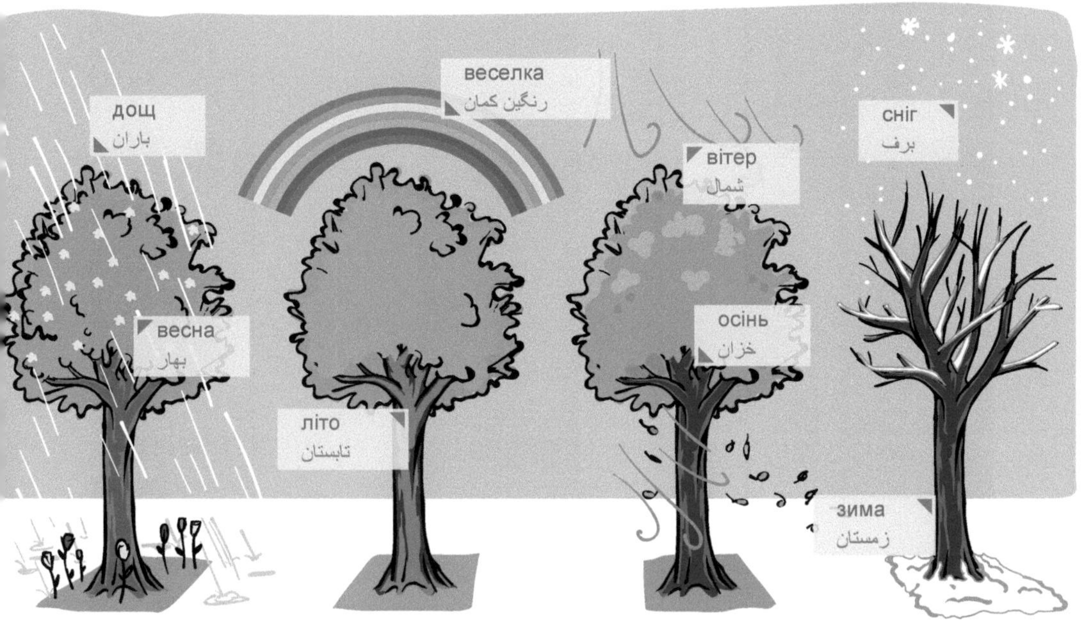

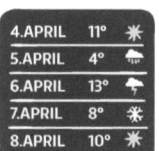

прогноз погоди
....
پیش بینی آب و هوا

F C
120 90 60 30 0 -30
40 30 20 10 0 -10 -20

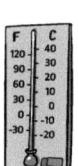

термометр
....
ترمامیتر

сонячне світло
....
آفتاب

хмара
....
ابر

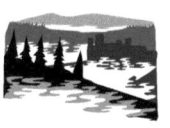

туман
....
غبار

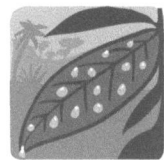

вологість повітря
....
رطوبت

блискавка
....
رعد و برق

грім
....
الماسک

шторм
....
طوفان

град
....
ژاله

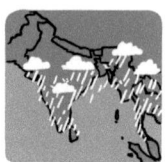

мусон
....
موسم بارندگی

повінь
....
سیل

лід
....
یخ

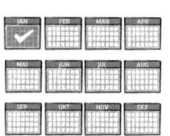

Січень
....
جنوری

Лютий
....
فبروری

Березень
....
مارچ

Квітень
....
اپریل

Травень
....
می

Червень
....
جون

Липень
....
جولای

Серпень
....
اگست

Вересень
....
سپتمبر

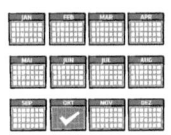

Жовтень
....
اكتوبر

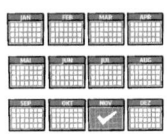

Листопад
....
نومبر

Грудень
....
دسمبر

круг
....
دايره

квадрат
....
مربع

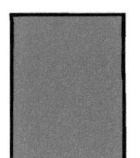

прямокутник
....
مستطيل

трикутник
....
مثلث

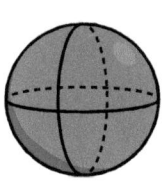

куля
....
كره

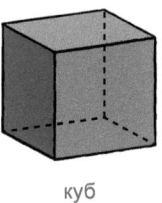

куб
....
مكعب

білий

سفید

жовтий

زرد

помаранчевий

نارنجی

рожевий

گلابی

червоний

سرخ

фіолетовий

بنفش

синій

آبی

зелений

سبز

коричневий

نصواری/قهوه یی

сірий

خاکستری

чорний

سیاه

багато / мало

زياد / كم

лютий / мирний

عصبانی / آرام

гарний / бридкий

مقبول / بدرنگ

початок / кінець

آغاز / پايان

великий / малий

بزرگ / كوچک

світлий / темний

روشن / تيره

брат / сестра

برادر / خواهر

чистий / брудний

پاک / كثيف

завершений /
незавершений
كامل / ناقص

день / ніч

روز / شب

мертвий / живий

مرده / زنده

широкий / вузький

عريض / باريک

їстівний / неїстівний

خوراکی / غیر خوراکی

злий / дружній

عصبانی / دوستانه

збуджений / нудьгуючий

هیجان زده / کسل

товстий / тонкий

چاق / لاغر

спочатку / востаннє

اول / آخر

друг / ворог

دوست / دشمن

повний / порожній

پر / خالی

жорсткий / м'який

سخت / نرم

важкий / легкий

سنگین / سبک

голод / спрага

گرسنگی / تشنگی

хворий / здоровий

بیمار / سالم

незаконний / законний

غیر قانونی / قانونی

розумний / дурний

باهوش / احمق

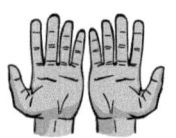

вліво / вправо

چپ / راست

поруч / далеко

نزدیک / دور

новий / використаний

نو / کهنه

нічого / щось

هیچ چیز / چیزی

старий / молодий

پیر / جوان

вкл / викл

روشن / خاموش

відкрито / закрито

باز / بسته

тихо / гучно

بی صدا / پر سر و صدا

багатий / бідний

ثروتمند / فقیر

правильно / неправильно

صحیح / غلط

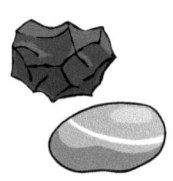

шорсткий / гладкий

ناهموار / هموار

сумний / щасливий

غمگین / خوشحال

короткий / довгий

کوتاه / بلند

повільно / швидко

آهسته / سریع

вологий / сухий

تر / خشک

гарячий / холодний

گرم / سرد

війна / мир

جنگ / صلح

0

нуль

صفر

1

один

یک

2

два

دو

3

три

سه

4

чотири

چهار

5

п'ять

پنج

6

шість

شش

7

сім

هفت

8

вісім

هشت

9

дев'ять

نه

10

десять

ده

11

одинадцять

یازده

12
дванадцять

دوازده

13
тринадцять

سیزده

14
чотирнадцять

چهارده

15
п'ятнадцять

پانزده

16
шістнадцять

شانزده

17
сімнадцять

هفده

18
вісімнадцять

هجده

19
дев'ятнадцять

نوزده

20
двадцять

بیست

100
сто

صد

1.000
тисяча

هزار

1.000.000
мільйон

میلیون

англійська

انگلیسی

американська англійська

انگلیسی امریکایی

китайська
високочиновницька

چینی ماندارین

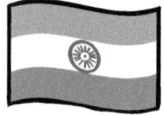

хінді

هندی

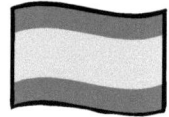

іспанська

اسپانیایی

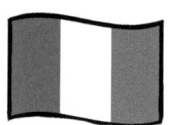

французька

فرانسوی

арабська

عربی

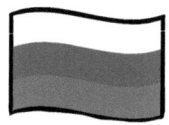

російська

روسی

португальська

پرتغالی

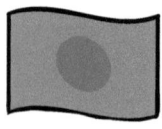

бенгальська

بنگالی

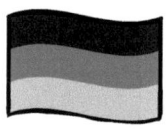

німецька

آلمانی

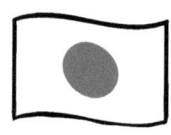

японська

جاپانی

я

من

ти

شما

він / вона / воно

او / او / آن

ми

ما

ви

شما

вони

آن ها

хто?

کی؟

що?

چی؟

як?

چطور؟

де?

کجا؟

коли?

چه وقت؟

ім'я

اسم

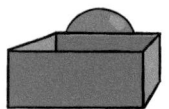

ззаду

عقَب

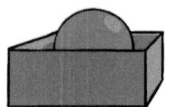

в

در

перед

پیش روی

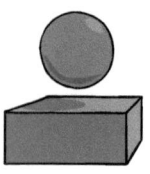

над

بالا

на

روی

під

زیر

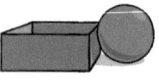

біля

پهلو

між

میان

місце

محل